L'altra Intelligenza

L'Intelligenza Emotiva: Lo Strumento Potente per Comprendere le Emozioni, Migliorare le Relazioni e Raggiungere i Tuoi Obiettivi, Superando Ansia e Attacchi di Panico"

di Sofia Ellis

1

Sommario

Capitolo 9: Come Sviluppare l'Intelligenza Emotiva per Gestire l'Ansia e gli Attacchi di Panico 90

Capitolo 10: L'Intelligenza Emotiva nelle Diverse Fasi della Vita 98

Introduzione

Presentazione del concetto di "L'altra Intelligenza"

Nel contesto del libro, il concetto di "Altra Intelligenza" si riferisce a una forma **di intelligenza emotiva e relazionale** che va oltre le capacità cognitive tradizionali, come il ragionamento logico o l'intelligenza analitica. Questa intelligenza si concentra sulla capacità di comprendere, gestire e utilizzare le emozioni in modo consapevole, sia per migliorare il rapporto con sé stessi che per affrontare meglio le dinamiche interpersonali.

L'Altra Intelligenza non riguarda solo l'abilità di risolvere problemi razionali, ma anche la capacità di riconoscere le proprie emozioni, entrare in sintonia con gli altri attraverso l'empatia, gestire i conflitti e costruire relazioni autentiche e durature. In tal senso, rappresenta, quindi, uno strumento indispensabile per chiunque desideri vivere una vita più equilibrata e significativa, affrontando un mondo sempre più complesso e interconnesso.

In sintesi, l'Altra Intelligenza è vista come un complemento all'intelligenza razionale, che permette una maggiore consapevolezza emotiva, relazionale e sociale.

Importanza dell'Intelligenza Emotiva nella Vita Moderna

Nella società moderna, l'intelligenza emotiva (IE) è diventata una competenza cruciale per navigare con successo tra le sfide quotidiane. La vita contemporanea ci espone a ritmi frenetici, stress costante e un livello di interconnessione mai visto prima. Mentre le competenze cognitive come il pensiero critico e la capacità analitica rimangono fondamentali, è l'intelligenza emotiva a fare la differenza nelle relazioni interpersonali, nel benessere psicologico e nella gestione dei conflitti.

L'intelligenza emotiva si concentra sulla capacità di riconoscere, comprendere e gestire le proprie emozioni, nonché quelle degli altri. In un mondo che richiede empatia, capacità di adattamento e resilienza, le persone che sviluppano un'alta IE sono in grado di mantenere un **equilibrio emotivo** anche sotto pressione. Essere in grado di riconoscere un momento di stress, canalizzare le emozioni e prendere decisioni ponderate non solo migliora le relazioni personali e professionali, ma aiuta a vivere con maggiore serenità e consapevolezza.

In ambito lavorativo, l'intelligenza emotiva è fondamentale per chiunque desideri **eccellere nella leadership**, migliorare il lavoro di squadra o gestire situazioni difficili. Nel contesto familiare e sociale, favorisce la creazione di relazioni più profonde, autentiche e collaborative, poiché permette di comprendere e rispondere in modo efficace ai bisogni emotivi degli altri. **In un'epoca dominata dalla tecnologia**, l'intelligenza emotiva rappresenta un vantaggio unico, che permette di mantenere il contatto umano in un mondo sempre più virtuale e spesso distante.

Obiettivi del Libro

Questo libro nasce con l'obiettivo di fornire una guida pratica e riflessiva per **sviluppare e rafforzare l'intelligenza emotiva** nella vita di ogni giorno. Attraverso una comprensione più profonda di come funzionano le emozioni e di come influenzano i nostri pensieri e comportamenti, il lettore verrà accompagnato in un viaggio di crescita personale che mira a migliorare tanto le relazioni quanto il benessere individuale.

Uno degli obiettivi principali è quello di offrire **strumenti concreti e applicabili** per gestire lo stress emotivo, riconoscere i propri stati d'animo e imparare a rispondere, piuttosto che reagire impulsivamente alle situazioni. Il libro non si limita a spiegare i principi teorici dell'intelligenza emotiva, ma si propone di trasformare questi concetti in abitudini pratiche, facilmente integrabili nella vita quotidiana.

Inoltre, il testo vuole aiutare i lettori a:
- **Comprendere meglio le proprie emozioni**: Esplorare le radici delle emozioni, imparando a identificarle e accettarle senza giudizio.
- **Migliorare le relazioni interpersonali**: Offrire strategie per costruire relazioni più empatiche, autentiche e durature, grazie a una comunicazione più consapevole e alla gestione positiva dei conflitti.
- **Aumentare la resilienza emotiva**: Fornire strumenti per superare momenti di crisi o difficoltà

emotive, sviluppando una mentalità che favorisce l'adattamento e la crescita.

- **Gestire l'ansia e gli attacchi di panico**: Utilizzare l'intelligenza emotiva per comprendere meglio i meccanismi che innescano l'ansia e imparare tecniche per prevenirla o gestirla quando si manifesta.

L'obiettivo finale del libro è quello di trasformare la vita del lettore in una **esperienza più consapevole e armoniosa**, dove la comprensione delle emozioni diventa una risorsa per il benessere e il successo.

Il Legame tra Intelligenza Emotiva e Gestione dell'Ansia e degli Attacchi di Panico

Uno degli aspetti più rilevanti dell'intelligenza emotiva è la sua stretta connessione con la gestione di stati emotivi complessi come l'ansia e gli attacchi di panico. Vivere in un mondo ad alta velocità, ricco di stimoli e pressioni, rende l'ansia una delle problematiche più diffuse della vita moderna. **L'intelligenza emotiva offre un approccio efficace per comprendere e gestire questi stati di disagio,** aiutando a ripristinare un equilibrio emotivo.

L'ansia spesso deriva da una sensazione di perdita di controllo, di incertezza o da un accumulo di emozioni non elaborate. Una persona con un basso livello di IE può sentirsi travolta da queste emozioni, incapace di identificarle e gestirle in modo costruttivo. Al contrario, chi ha sviluppato un'intelligenza emotiva elevata è in grado di **riconoscere i segnali dell'ansia** prima che diventi ingestibile. Questo permette di intervenire tempestivamente, utilizzando tecniche di regolazione emotiva che possono ridurre l'intensità dell'ansia o prevenire del tutto gli attacchi di panico.

L'intelligenza emotiva aiuta anche a:

- **Identificare i trigger emotivi**: Comprendere cosa scatena l'ansia e gli attacchi di panico è il primo passo per affrontarli. Attraverso l'autoconsapevolezza, si impara a riconoscere i pensieri e le situazioni che innescano lo stato ansioso.

- **Gestire l'ansia in modo proattivo**: Una volta che si è consapevoli dei propri trigger, l'intelligenza emotiva consente di adottare strategie di coping, come la respirazione profonda, la meditazione o il reframing cognitivo, per ridurre l'ansia sul nascere.

- **Riconoscere i segnali fisici**: L'ansia si manifesta spesso attraverso il corpo: palpitazioni, tensione muscolare, difficoltà respiratorie. Chi possiede una buona intelligenza emotiva è più abile a **riconoscere questi segnali fisici** e ad agire di conseguenza, utilizzando tecniche di rilassamento o movimento per calmare il sistema nervoso.

- **Ridurre la paura degli attacchi di panico**: Spesso, la paura di un nuovo attacco di panico può innescare ulteriori episodi. L'intelligenza emotiva permette di affrontare questa paura con un approccio più razionale ed emotivamente equilibrato, evitando che l'ansia anticipatoria prenda il controllo.

Inoltre, l'intelligenza emotiva favorisce una maggiore **accettazione delle proprie emozioni**. Invece di respingere o giudicare l'ansia come qualcosa di negativo, si impara a riconoscerla come una reazione normale del corpo e della mente di fronte a situazioni percepite come minacciose. Questa accettazione riduce l'intensità delle emozioni negative e aumenta la capacità di gestirle.

In sintesi, **l'intelligenza emotiva è uno strumento potente** per affrontare l'ansia e gli attacchi di panico, permettendo di trasformare queste esperienze in opportunità di crescita personale e di miglioramento del proprio benessere emotivo.

Nota sugli esercizi pratici e concetti importanti

Nel corso del libro troverai diversi **esercizi pratici**, progettati per aiutarti a mettere in atto le tecniche di

gestione emotiva e di riduzione dell'ansia. Questi esercizi sono evidenziati in grassetto azzurro, per renderli facilmente riconoscibili. Ti invito a praticarli con regolarità, poiché rappresentano strumenti fondamentali per migliorare la tua consapevolezza emotiva e gestire meglio lo stress e le emozioni difficili.

Allo stesso modo, i **concetti teorici importanti** che ti aiuteranno a comprendere meglio l'intelligenza emotiva e la gestione delle emozioni sono evidenziati in **grassetto nero**, per facilitare il richiamo durante la lettura.

Capitolo 1: Cos'è l'Intelligenza Emotiva?

1. Definizione e Fondamenti dell'Intelligenza Emotiva

L'**intelligenza emotiva** (IE) è la capacità di riconoscere, comprendere e gestire le proprie emozioni e quelle degli altri. Questa competenza si rivela fondamentale nella vita di tutti i giorni, poiché le emozioni influenzano profondamente il nostro modo di pensare, decidere e interagire. Essere emotivamente intelligenti significa non solo saper riconoscere ciò che si prova, ma anche saper **gestire in modo costruttivo** le emozioni, soprattutto nei momenti di tensione o difficoltà.

Daniel Goleman, uno dei pionieri dello studio dell'intelligenza emotiva, ha definito l'IE come un insieme di abilità che vanno oltre l'intelligenza cognitiva o il quoziente intellettivo (QI). Mentre il QI è legato alle capacità logiche e analitiche, l'intelligenza emotiva è **l'arte di comprendere se stessi e gli altri** a un livello più profondo, sviluppando relazioni sane e affrontando le sfide della vita con resilienza.

2. Storia e Sviluppo del Concetto

Il concetto di intelligenza emotiva si è sviluppato nel corso del tempo. Anche se l'importanza delle emozioni è stata riconosciuta fin dall'antichità, fu solo nel XX secolo che iniziò a emergere una consapevolezza più strutturata sul ruolo centrale che esse svolgono nel successo personale e professionale. Negli anni '90, gli psicologi **Peter Salovey e John D. Mayer** furono i primi a introdurre il termine "intelligenza emotiva", definendola come *l'abilità di percepire e regolamentare le emozioni in sé e negli altri.*

Tuttavia, è stato il lavoro di **Daniel Goleman**, con il suo libro <u>Emotional Intelligence</u> pubblicato nel 1995, a portare questo concetto al grande pubblico. Goleman ha ampliato la definizione, enfatizzando l'importanza delle competenze emotive nel raggiungimento del successo nella vita quotidiana, nei rapporti di lavoro e nelle relazioni personali.

3. Differenze tra Intelligenza Emotiva e Intelligenza Cognitiva

L'intelligenza emotiva e l'intelligenza cognitiva, pur essendo entrambe importanti, agiscono su piani diversi. **L'intelligenza cognitiva** (QI) riguarda principalmente l'abilità di ragionare, analizzare e risolvere problemi attraverso la logica. È misurata attraverso test standardizzati e può predire le prestazioni accademiche o la capacità di affrontare compiti complessi.

L'intelligenza emotiva, invece, è più legata alla sfera interpersonale e intrapersonale. Una persona con alta IE è capace di:
- Comprendere le proprie emozioni e riconoscerle in tempo reale.
- Gestire le proprie reazioni emotive, anche nelle situazioni più difficili.
- Capire le emozioni altrui e rispondere in modo empatico.

Mentre l'intelligenza cognitiva è spesso vista come una qualità innata e relativamente stabile, **l'intelligenza emotiva può essere sviluppata e migliorata nel tempo**. L'IE è essenziale per costruire rapporti significativi, affrontare conflitti in modo costruttivo e gestire situazioni di stress e cambiamento.

4. I Principali Componenti dell'Intelligenza Emotiva

L'intelligenza emotiva si articola in cinque componenti principali, come descritto da Daniel Goleman:

1. **Autoconsapevolezza**: Riconoscere le proprie emozioni mentre si manifestano. L'autoconsapevolezza implica una profonda comprensione dei propri sentimenti, dei propri punti di forza e delle proprie debolezze emotive. Essere autoconsapevoli permette di anticipare proprie reazioni e di affrontarle con maggiore lucidità.

2. **Autoregolazione**: Una volta riconosciute le proprie emozioni, il passo successivo è saperle gestire. L'autoregolazione consiste nell'abilità di **controllare gli impulsi emotivi** e di scegliere una risposta appropriata alle emozioni, invece di reagire

impulsivamente. Le persone che si autoregolano bene riescono a mantenere la calma sotto pressione e a prendere decisioni ponderate.

3. **Motivazione**: La capacità di utilizzare le emozioni per spingersi verso gli obiettivi. La motivazione intrinseca è quella forza che ci guida a perseguire obiettivi di lungo termine nonostante le difficoltà, mantenendo alta la determinazione. Le persone motivate emotivamente hanno una forte spinta interna che le porta a migliorarsi costantemente.

4. **Empatia**: È la capacità di comprendere i sentimenti degli altri, anche se non vengono espressi esplicitamente. L'empatia è fondamentale nelle relazioni, poiché consente di entrare in sintonia con

gli altri, di percepire i loro bisogni emotivi e di rispondere in modo adeguato, creando relazioni di fiducia.

5. **Abilità sociali**: Queste competenze permettono di gestire efficacemente le interazioni con gli altri, costruendo relazioni positive e risolvendo conflitti. Le persone con buone abilità sociali sono in grado di **comunicare in modo chiaro**, di lavorare bene in gruppo e di influenzare positivamente le dinamiche sociali.

5. Il Ruolo dell'Intelligenza Emotiva nella Gestione dell'Ansia e dello Stress

Uno degli aspetti più rilevanti dell'intelligenza emotiva è il suo potenziale nell'aiutare a gestire **ansia e stress**, due problemi molto comuni nella vita moderna. Le persone con una bassa intelligenza emotiva possono trovarsi sopraffatte da queste emozioni, reagendo in modo impulsivo o paralizzandosi di fronte a situazioni difficili. Al contrario, chi ha sviluppato una buona IE è in grado di **riconoscere i segnali di ansia e stress**, analizzare la situazione e rispondere in modo più equilibrato.

Ecco come l'intelligenza emotiva interviene nella gestione dell'ansia e dello stress:

- **Autoconsapevolezza**: Aiuta a riconoscere quando l'ansia sta aumentando, permettendo di prendere misure preventive prima che diventi ingestibile.

- **Autoregolazione**: Fornisce le competenze per controllare le emozioni intense. Ad esempio, si può imparare a regolare il respiro o a usare tecniche di rilassamento per calmare il sistema nervoso.

- **Empatia e abilità sociali**: Nella gestione dell'ansia relazionale o legata a situazioni sociali, l'empatia e le abilità sociali consentono di comprendere meglio gli altri e di ridurre il proprio disagio interpersonale.

L'intelligenza emotiva consente non solo di riconoscere e affrontare l'ansia, ma anche di **creare una strategia a lungo termine per gestire lo stress** in modo più efficace. Essa diventa così uno strumento essenziale per mantenere il benessere psicologico e vivere una vita più equilibrata e appagante.

Capitolo 2: Ansia e Attacchi di Panico: Una Questione Sociale, di Genere, Generazionale e Geografica

L'ansia e gli attacchi di panico sono condizioni sempre più diffuse nella società contemporanea, influenzate da fattori sociali, economici e psicologici. In questo capitolo esamineremo come questi fenomeni si distribuiscano tra i sessi, le diverse classi sociali e le fasce d'età, esplorando anche le differenze nella diffusione geografica. Supportati da dati recenti e grafici, offriremo un quadro completo della situazione attuale.

1.Diffusione dell'ansia e degli attacchi di panico per sesso

Le ricerche condotte da enti come l'Organizzazione Mondiale della Sanità (OMS) rivelano significative differenze nella diffusione dei disturbi d'ansia e degli attacchi di panico tra uomini e donne.

- **Donne**: Le statistiche mostrano che le donne hanno circa il doppio delle probabilità rispetto agli uomini di soffrire di disturbi d'ansia. Una delle ragioni principali è la diversa predisposizione a livello neurobiologico, ma anche il carico mentale legato alla gestione simultanea di lavoro, famiglia e relazioni interpersonali. Si stima che circa il **23-25%** delle donne sviluppi un disturbo d'ansia nel corso della vita.

- **Uomini**: Gli uomini, pur avendo un'incidenza minore di ansia (circa il **14-15%**), tendono a manifestare i sintomi in

  modo diverso, spesso con irritabilità o abuso di sostanze. Inoltre, gli uomini hanno meno probabilità di cercare aiuto psicologico, il che potrebbe portare a una sottostima dei casi effettivi.

2. Appartenenza sociale: impatto sul benessere emotivo

L'appartenenza sociale influisce profondamente sulla vulnerabilità all'ansia e agli attacchi di panico, con notevoli differenze tra classi socioeconomiche. Fattori come l'accesso a risorse economiche, educative e sanitarie giocano un ruolo cruciale nella gestione dello stress e nella prevenzione dei disturbi mentali.

- **Classi sociali basse**: Le persone provenienti da contesti socioeconomici svantaggiati hanno tassi significativamente più alti di ansia e attacchi di panico. Fattori come l'insicurezza economica, il lavoro precario e le condizioni abitative inadeguate creano uno stato di stress costante che può portare a

  disturbi d'ansia. Tra queste fasce, l'incidenza può superare il **30%**.

- **Classi sociali medio-alte**: Anche nelle classi sociali più alte l'ansia è presente, sebbene le cause tendano a essere diverse, come la pressione professionale, l'aspettativa sociale e il bisogno di mantenere uno status elevato. L'incidenza si attesta intorno al **18-20%**, con migliori risorse per gestire il disagio psicologico rispetto alle classi meno abbienti.

3. Ansia e attacchi di panico in diverse fasce d'età

Il disturbo d'ansia generalizzata e gli attacchi di panico colpiscono individui di tutte le età, ma si manifestano in modo diverso a seconda della fase della vita.

- **Giovani (18-35 anni)**: Tra i giovani adulti, l'incidenza dell'ansia è in costante crescita, soprattutto nei Paesi industrializzati. Le pressioni legate alla carriera, all'educazione e alla costruzione dell'identità personale sono tra i fattori scatenanti più comuni. L'ansia colpisce circa il **25-30%** di questa fascia d'età, mentre gli attacchi di panico sono riportati dal **10-12%** dei giovani adulti.

- **Adulti (35-60 anni)**: In questa fase della vita, l'ansia è spesso correlata a responsabilità familiari, lavorative e finanziarie. Gli adulti

35

tendono a sviluppare forme più croniche di ansia. L'incidenza dell'ansia si attesta intorno al **20%**, mentre quella degli attacchi di panico è leggermente inferiore, circa il **7-8%**.

- **Anziani (oltre i 60 anni)**: Contrariamente a quanto si potrebbe pensare, anche gli anziani sono suscettibili all'ansia. Fattori come la perdita di indipendenza, la solitudine e i problemi di salute possono scatenare stati ansiosi. Circa il **10-12%** degli anziani soffre di disturbi d'ansia, mentre gli attacchi di panico sono meno frequenti, con un'incidenza che si attesta intorno al **3-4%**.

4. Diffusione geografica dell'ansia e degli attacchi di panico

L'ansia e gli attacchi di panico non sono distribuiti uniformemente nel mondo. La loro prevalenza varia a seconda delle condizioni socio-economiche, culturali e geografiche di ciascuna regione. In questa sezione esploreremo le differenze nei diversi contesti geografici.

- **Paesi industrializzati**: Nei Paesi ad alto reddito come Stati Uniti, Canada, Regno Unito, Germania e Giappone, l'ansia è uno dei disturbi mentali più diffusi. Circa il **18-20%** della popolazione adulta soffre di disturbi d'ansia. Negli Stati Uniti, il **19%** degli adulti sperimenta episodi di ansia, con picchi maggiori tra le donne e nelle grandi aree urbane.

  - In Europa, il tasso di ansia varia: nel Regno Unito, circa il **15%** della popolazione adulta soffre di ansia, mentre in Germania la prevalenza si attesta intorno al **14%**.

- **Paesi in via di sviluppo**: In nazioni come India, Brasile e Sudafrica, i tassi di ansia sono difficili da stimare con precisione a causa della minore disponibilità di servizi sanitari e della stigmatizzazione dei disturbi mentali. In India, la prevalenza dell'ansia è stimata intorno al **10-12%**, ma molti casi rimangono sottodiagnosticati. In Brasile, l'ansia colpisce circa il **9%** della popolazione, con incidenze maggiori nelle aree urbane e tra i ceti più poveri.

- **Asia e Paesi dell'Asia Orientale**: Nei Paesi asiatici, i tassi di ansia variano notevolmente. In Cina, si stima che circa il **7-8%** della popolazione soffra di disturbi d'ansia, con una maggiore prevalenza nelle aree urbane rispetto alle zone rurali. La rapida urbanizzazione e le pressioni socioeconomiche contribuiscono all'aumento di questi disturbi nelle città.

- **Africa**: Nei Paesi subsahariani, l'ansia è meno riconosciuta e meno trattata rispetto ad altre

regioni, ma l'instabilità economica e i conflitti aumentano lo stress psicologico. Si stima che il **5-7%** della popolazione soffra di ansia, ma le infrastrutture sanitarie limitate rendono difficile una valutazione accurata.

- **Paesi nordici**: Nei Paesi nordici, noti per i loro avanzati sistemi di welfare, l'ansia è comunque presente. In Svezia, circa il **12-14%** della popolazione adulta soffre di ansia, mentre in Norvegia il tasso è leggermente più basso, intorno al **10%**. Tuttavia, l'isolamento e la solitudine durante i lunghi inverni possono alimentare stati ansiosi.

Capitolo 3: La Consapevolezza Emotiva

1. Il potere della consapevolezza di sé: Riconoscere le emozioni prima che diventino travolgenti

La consapevolezza di sé rappresenta la capacità di riconoscere e comprendere le proprie emozioni nel momento in cui si manifestano. Quando diventiamo consapevoli di ciò che proviamo, siamo in grado di gestire le nostre emozioni prima che queste diventino eccessive o incontrollabili. Spesso, le emozioni ci travolgono perché non le riconosciamo o ignoriamo i loro primi segnali, e così esplodono in forme distruttive, come l'ansia, la rabbia o la tristezza profonda.

Riconoscere le proprie emozioni richiede un'osservazione costante e non giudicante di ciò che accade dentro di noi. Il primo passo verso la consapevolezza emotiva è fermarsi, ascoltare e dare un nome all'emozione: "Sono arrabbiato", "Sono preoccupato", "Sono triste". **Riconoscere l'emozione significa darle una forma, evitando che prenda il controllo.** Questo esercizio di autoconsapevolezza ci permette di fare scelte consapevoli su come agire, piuttosto che reagire impulsivamente.

2.Riconoscere i segnali emotivi e fisici dell'ansia: Come il corpo ci avvisa

Il nostro corpo è una potente fonte di informazioni sulle nostre emozioni, specialmente quando si tratta di ansia. Prima che l'ansia si manifesti pienamente a livello emotivo, il corpo comincia a inviarci dei segnali. Tra questi possiamo riconoscere:

- **Aumento della frequenza cardiaca**: il cuore batte più forte o più velocemente.

- **Respiro corto o affannoso**: potremmo avere la sensazione di non riuscire a respirare profondamente.

- **Tensione muscolare**: spesso si manifesta nelle spalle, nel collo o nella mascella.

- **Sudorazione**: le mani, la fronte o altre parti del corpo possono iniziare a sudare senza un apparente motivo fisico.

- **Agitazione o tremori**: la sensazione di non riuscire a stare fermi o il tremore nelle mani.

Imparare a riconoscere questi segnali fisici è fondamentale per interrompere il ciclo dell'ansia prima che si amplifichi. Spesso, ignoriamo questi segnali fino a quando non diventano troppo evidenti, rendendo difficile controllare le nostre reazioni emotive. **Essere consapevoli di come** l'ansia si manifesta fisicamente ci permette di intervenire prima che essa ci sopraffaccia.

3. L'impatto delle emozioni non riconosciute sull'ansia e il panico

Quando le emozioni non vengono riconosciute, possono accumularsi nel nostro corpo e nella nostra mente fino a raggiungere un punto di rottura. Questo accade soprattutto con l'ansia: piccoli segnali di stress emotivo vengono ignorati o minimizzati, fino a quando diventano insopportabili e sfociano in attacchi di ansia o addirittura di panico.

Le emozioni non riconosciute possono accumularsi in modo subdolo, creando un carico emotivo che alla lunga sfocia in reazioni sproporzionate. Per esempio, una lieve preoccupazione che non viene elaborata può trasformarsi in una paura paralizzante. **L'ansia e il panico non sono altro che il risultato**

di emozioni ignorate che cercano disperatamente di farsi notare.

Gestire queste emozioni significa riconoscerle al momento giusto, concedersi il tempo per ascoltarle e capire il loro messaggio. In questo modo, possiamo evitare che si trasformino in un problema più grande, come l'ansia cronica o il panico.

4. Strumenti per aumentare la consapevolezza emotiva: Esercizio di mindfulness per riconoscere l'ansia in fase precoce

Uno dei metodi più efficaci per sviluppare una maggiore consapevolezza emotiva è la pratica della mindfulness[1], ovvero l'attenzione consapevole e intenzionale al momento presente. La mindfulness ci insegna a osservare le nostre emozioni e sensazioni fisiche senza giudicarle, aiutandoci a identificare l'ansia nei suoi stadi iniziali.

Esercizio di mindfulness per riconoscere l'ansia:

1. **Trova un luogo tranquillo**: Siediti in un posto comodo, chiudi gli occhi e inizia a fare respiri profondi e lenti.
2. **Presta attenzione al tuo corpo**: Porta la tua attenzione alle varie parti del corpo, iniziando dalla testa e scendendo verso i piedi. Nota qualsiasi tensione, disagio o cambiamento fisico.

---

[1] **Mindfulness** (Consapevolezza): La "Mindfulness" è una pratica meditativa che prevede di concentrarsi consapevolmente sul presente senza giudizio. Aiuta a ridurre ansia e stress attraverso esercizi di respirazione e attenzione focalizzata.

3. **Osserva il tuo respiro**: Concentrati sul ritmo del respiro senza modificarlo. Noti se il respiro è affannoso, breve o poco profondo?

4. **Nota i pensieri e le emozioni**: Lascia emergere pensieri ed emozioni senza cercare di cambiarli. Se

noti segnali di ansia, come preoccupazioni o agitazione, riconoscili e dalli un nome: "Ecco l'ansia che sta arrivando".

5. **Accetta l'emozione**: Invece di combattere l'ansia, accettala come una parte dell'esperienza presente. Concentrati di nuovo sul respiro e mantieni l'attenzione sulle sensazioni del momento, senza fuggire o giudicare.

6. **Concludi con dolcezza**: Quando ti senti pronto, riapri lentamente gli occhi e prendi nota di come ti senti.

Ripetere questo esercizio ogni giorno aiuta a sviluppare una maggiore consapevolezza delle proprie emozioni e reazioni fisiche. **La mindfulness è uno strumento potente per** riconoscere l'ansia quando si presenta e impedirle di prendere il sopravvento.

Capitolo 4: Autoregolazione e Gestione delle Emozioni

1. L'importanza dell'autocontrollo emotivo: Come la regolazione delle emozioni aiuta a prevenire gli attacchi di panico

L'autocontrollo emotivo è la capacità di gestire e regolare le proprie emozioni, soprattutto in situazioni di stress o pressione. Quando non siamo in grado di controllare le nostre emozioni, rischiamo di essere travolti da reazioni istintive che possono portare a episodi di ansia intensa o addirittura attacchi di panico. **La regolazione delle emozioni permette di mantenere la calma e la lucidità** anche nelle situazioni più difficili, prevenendo l'escalation emotiva.

Gli attacchi di panico spesso nascono da emozioni non gestite, che crescono rapidamente fino a diventare *overwhelming*[2]. Riuscire a individuare e controllare queste emozioni in anticipo è essenziale per evitare che l'ansia degeneri. Un buon autocontrollo non significa sopprimere le emozioni, ma piuttosto riconoscerle e rispondere in modo costruttivo. **La capacità di mantenere il controllo emotivo non solo riduce la frequenza degli attacchi di panico, ma aumenta anche la fiducia in se stessi e nelle proprie capacità di affrontare lo stress.**

---

[2] **Overwhelming:** Travolgente

2. Tecniche per gestire le emozioni negative: Esercizi di respirazione profonda e rilassamento muscolare progressivo

Le emozioni negative, come l'ansia, la rabbia o la tristezza, possono diventare schiaccianti se non vengono gestite correttamente. Tuttavia, ci sono tecniche semplici ed efficaci per riportare la calma nel corpo e nella mente. **La respirazione profonda e il rilassamento muscolare progressivo** sono due strumenti fondamentali per ridurre l'ansia e regolare le emozioni.

Esercizio di respirazione profonda:

1. **Trova un posto tranquillo**: Siediti o sdraiati comodamente.
2. **Inspira lentamente** attraverso il naso, contando fino a 4.
3. **Trattieni il respiro** per 4 secondi.

4. **Espira lentamente** attraverso la bocca, contando fino a 6.

5. **Ripeti** questo ciclo di respirazione per alcuni minuti, concentrandoti sul movimento dell'aria che entra ed esce dai polmoni. **La respirazione profonda calma il sistema nervoso** e abbassa i livelli di stress, riducendo immediatamente la tensione emotiva.

Esercizio di rilassamento muscolare progressivo:

1. **Inizia dalla testa e scendi fino ai piedi**, concentrandoti su ciascun gruppo muscolare.

2. **Tendi i muscoli** per circa 5 secondi e poi rilassali per 10 secondi.

3. **Procedi lentamente**, partendo dal viso (serra la mascella, poi rilassala) fino ai piedi (tendi e rilassa le dita dei piedi).

4. **Durante l'esercizio**, presta attenzione alle sensazioni di rilassamento che si diffondono nel corpo. **Questo esercizio aiuta a rilasciare la tensione muscolare accumulata** e contribuisce a uno stato di calma.

Entrambe le tecniche sono utili per ridurre l'intensità delle emozioni negative e ristabilire il controllo emotivo. Praticarle regolarmente aiuta a prevenire l'accumulo di tensione emotiva e a rispondere meglio alle sfide quotidiane.

3. Il ruolo della resilienza emotiva: Costruire la forza interiore per affrontare ansia e panico

La resilienza emotiva è la capacità di riprendersi dalle difficoltà e di mantenere un equilibrio emotivo nonostante le avversità. Le persone emotivamente resilienti non sono immuni dall'ansia o dal panico, ma riescono a gestire questi stati in modo più efficace. **Costruire resilienza significa allenare la mente e il cuore a rimanere flessibili di fronte allo stress, alle difficoltà e ai cambiamenti.**

La resilienza non si sviluppa dall'oggi al domani, ma è il risultato di una pratica costante di autoconsapevolezza, gestione emotiva e adattamento alle sfide. **Tra le pratiche che aiutano a sviluppare la resilienza emotiva vi sono:**
- **Affrontare le difficoltà con una mentalità positiva**: invece di vedere ogni problema come una

minaccia, consideralo come un'opportunità per imparare e crescere.

- **Costruire una rete di supporto**: avere persone di fiducia con cui parlare dei propri problemi aiuta a ridurre lo stress e a trovare soluzioni.

- **Prendersi cura di sé stessi**: nutrire il corpo e la mente con abitudini salutari (alimentazione equilibrata, sonno adeguato, attività fisica) contribuisce alla forza interiore.

- **Accettare l'incertezza**: le persone resilienti accettano che non tutto può essere controllato, imparano a convivere con l'incertezza senza lasciarsi sopraffare.

La resilienza è come un muscolo che, una volta allenato, diventa più forte. Nel tempo, permette di affrontare con maggior serenità situazioni che in passato avrebbero scatenato ansia o panico.

4. Pratiche quotidiane per una migliore gestione emotiva: Routine per bilanciare emozioni e stress

Una gestione efficace delle emozioni richiede impegno quotidiano. **Creare una routine che includa pratiche per bilanciare le emozioni e ridurre lo stress è fondamentale per mantenere un equilibrio emotivo stabile.** Le seguenti pratiche quotidiane possono aiutare a migliorare la

gestione delle emozioni e a prevenire lo stress eccessivo:

- **Meditazione quotidiana**: dedicare anche solo 10-15 minuti al giorno alla meditazione o alla mindfulness può avere un impatto profondo sulla gestione delle emozioni. La pratica quotidiana aiuta a mantenere una maggiore consapevolezza emotiva e a reagire con più calma agli eventi stressanti.

- **Scrittura emotiva**: tenere un diario delle emozioni può aiutare a elaborare sentimenti complessi. Scrivere ciò che si prova consente di riconoscere e comprendere meglio le emozioni e di ridurne l'impatto negativo.

- **Attività fisica regolare**: l'esercizio fisico non solo riduce lo stress, ma stimola la produzione di endorfine, i cosiddetti "ormoni della felicità", che migliorano il tono dell'umore.

- **Sonno di qualità**: una buona gestione del sonno è essenziale per mantenere il cervello in equilibrio e ridurre la vulnerabilità all'ansia. Creare una routine serale rilassante, limitare l'uso di dispositivi elettronici prima di andare a dormire e mantenere un ambiente tranquillo favoriscono un sonno riposante.

- **Pause programmate durante la giornata**: prendere brevi pause durante la giornata per fare respiri profondi o semplicemente per allontanarsi dal lavoro aiuta a mantenere sotto controllo lo stress e a prevenire l'accumulo di tensione emotiva.

Integrare queste pratiche nella vita quotidiana contribuisce a bilanciare le emozioni e a prevenire situazioni di stress estremo. Anche piccoli cambiamenti nella routine possono avere un effetto positivo sulla salute emotiva a lungo termine.

Capitolo 5: Empatia: Il Cuore delle Relazioni Umane

1. Capire e coltivare l'empatia verso sé stessi

L'empatia non si esprime solo verso gli altri, ma inizia da un processo intimo e personale: l'empatia verso sé stessi. Questo concetto implica la capacità di riconoscere e accettare le proprie emozioni senza giudicarsi. Spesso, tendiamo a minimizzare o ignorare le nostre sensazioni negative per paura di apparire deboli o vulnerabili, ma questo atteggiamento ci allontana da un rapporto sano con il nostro mondo interiore. **Coltivare l'empatia verso se stessi significa fare spazio a tutte le** emozioni, anche quelle che consideriamo "scomode", come la tristezza, la rabbia o la paura, riconoscendo che sono parte della nostra esperienza umana e che meritano di essere ascoltate.

Un approccio empatico verso se stessi aiuta a evitare l'autocritica distruttiva e ci permette di sviluppare una maggiore autocomprensione e autocompassione. Un modo pratico per iniziare è **praticare la mindfulness**: fermarsi un attimo per osservare come ci si sente, senza fretta di cambiare lo stato emotivo, ma piuttosto accettando ciò che c'è. Questo tipo di atteggiamento accogliente verso le proprie emozioni crea una base solida per poter essere empatici anche con gli altri.

2. Empatia nelle relazioni e gestione dell'ansia

Le relazioni empatiche hanno un effetto profondo sulla nostra salute emotiva e mentale, in particolare nella gestione dell'ansia. Quando ci sentiamo compresi da chi ci circonda, l'ansia tende a diminuire. Questo avviene perché l'empatia genera un senso di sicurezza e connessione, aiutandoci a percepire che non siamo soli nelle nostre difficoltà. In un contesto relazionale, **l'empatia crea uno spazio sicuro in cui si può esprimere l'ansia senza il timore di essere giudicati o respinti.**

Questo aiuta a normalizzare i sentimenti di paura e insicurezza, permettendo a chi è ansioso di vedere le proprie emozioni riflesse e comprese. Ad esempio, ascoltare attivamente una persona ansiosa, convalidando le sue preoccupazioni piuttosto che minimizzarle, può trasformare completamente la sua esperienza emotiva.

Per coltivare relazioni empatiche che riducono l'ansia, è fondamentale praticare un ascolto attivo, evitare giudizi affrettati e mostrare disponibilità a stare vicini anche nei momenti difficili. Un partner, un amico o un familiare che sa essere empatico può fungere da ancora di salvezza, aiutando a calmare l'ansia attraverso il solo atto di esserci, di comprendere e di supportare.

3. Sostegno reciproco nelle conversazioni difficili

Le conversazioni difficili sono spesso terreno fertile per l'ansia, tanto per chi le affronta quanto per chi le ascolta. In questi momenti, la presenza di empatia può fare la differenza tra un confronto che acuisce la tensione e uno che porta alla guarigione. Essere

empatici in queste situazioni significa non solo ascoltare, ma anche **offrire un sostegno reciproco, riconoscendo che l'ansia può influenzare entrambi i partecipanti alla conversazione.**
Quando una persona esprime ansia durante una conversazione difficile, **è importante sospendere il giudizio e concentrarsi sull'ascolto attivo.** Questo permette di creare un dialogo in cui l'altro si sente accolto e rispettato, piuttosto che respinto o frainteso. Rispondere con frasi che riflettono comprensione, come "Capisco che questa situazione ti faccia sentire in difficoltà" oppure "È normale provare ansia in questi casi", aiuta a normalizzare le emozioni senza sminuirle.
Allo stesso tempo, essere empatici non significa evitare la verità o le difficoltà del dialogo. Anzi, **una comunicazione empatica facilita la condivisione di emozioni autentiche,** permettendo di affrontare problemi complessi in modo costruttivo. In una conversazione difficile, l'obiettivo dell'empatia è far sentire l'altro compreso e sostenuto, creando un clima di fiducia che favorisce la risoluzione dei conflitti.

4. Esercizi per sviluppare l'empatia

Per sviluppare l'empatia, soprattutto nei confronti di chi soffre di ansia, è utile praticare alcune tecniche che rafforzano la nostra capacità di ascolto e comprensione. Ecco alcuni esercizi che possono essere utili:

- **Ascolto attivo**: In una conversazione, cerca di focalizzarti completamente sull'altro, senza interrompere e senza pensare a cosa dire dopo. Ascolta non solo le parole, ma anche il tono di voce, le espressioni facciali e il linguaggio del corpo. Dopo aver ascoltato, **rifletti il contenuto emotivo** di ciò che è stato detto, ad esempio con frasi del tipo "Mi sembra che tu stia provando molta frustrazione in questo momento". Questo aiuta l'altra persona a sentirsi davvero compresa.

- **Riduzione del senso di isolamento**: L'ansia può far sentire una persona isolata e distante dagli altri. Un modo per ridurre questa sensazione è **creare momenti di**

- **connessione autentica.** Questo può avvenire attraverso piccoli gesti quotidiani, come chiedere sinceramente come sta qualcuno e ascoltare con empatia la risposta. Anche il semplice contatto visivo e il riconoscimento dei sentimenti altrui possono contribuire a ridurre il senso di isolamento.

Sviluppare una mentalità non giudicante: Per essere davvero empatici, è necessario sospendere il giudizio. Prova a metterti nei panni dell'altra persona e a considerare il suo punto di vista senza etichettare le sue emozioni come "giuste" o "sbagliate". **Imparare a guardare le emozioni degli altri con curiosità e apertura** rafforza il legame empatico e crea un ambiente di fiducia reciproca.

In conclusione, l'empatia è una capacità essenziale per costruire relazioni profonde e significative, in grado di alleviare l'ansia e promuovere una migliore comprensione reciproca. Con la pratica, chiunque può coltivare questa preziosa qualità, rendendo più ricche e appaganti le proprie interazioni umane.

Capitolo 6: Intelligenza Emotiva nelle Relazioni Interpersonali

1. Costruire relazioni basate sulla fiducia

La fiducia è il cuore pulsante delle relazioni interpersonali. È quel filo invisibile che lega le persone, creando un ambiente sicuro in cui sentirsi accettati e compresi. Per chi soffre di ansia sociale, la costruzione di relazioni basate sulla fiducia diventa un antidoto potente contro l'isolamento emotivo. Quando esiste una connessione emotiva autentica, l'ansia sociale si attenua poiché ci si sente accolti e meno esposti al giudizio.

Per costruire relazioni fondate sulla fiducia, è necessario **dimostrare costanza, apertura e disponibilità emotiva**. Questo significa essere presenti non solo nei momenti felici, ma anche in quelli difficili, ascoltando l'altro senza pregiudizi e offrendo supporto empatico. Essere coerenti nel proprio comportamento aiuta a stabilire la prevedibilità, un elemento che rassicura chi vive con

ansia sociale. In un rapporto basato sulla fiducia, entrambi i partner o amici possono esprimersi liberamente, senza paura di essere giudicati, e questo crea una base emotiva sicura, riducendo significativamente i livelli di ansia.

2. Comunicazione emotivamente intelligente per affrontare l'ansia

Un aspetto cruciale dell'intelligenza emotiva nelle relazioni è la capacità di comunicare in modo efficace e consapevole, soprattutto quando ci si trova ad affrontare emozioni intense come l'ansia. Spesso chi soffre di ansia si sente sopraffatto dai propri sentimenti e può avere difficoltà a esprimerli chiaramente. L'intelligenza emotiva aiuta a riconoscere questi sentimenti e a comunicarli in modo assertivo, evitando di cadere nella frustrazione o nel silenzio.

Per esprimere i propri sentimenti senza sentirsi sopraffatti, è importante **riconoscere prima di tutto ciò che si sta provando.** Una volta identificata l'emozione, si può cercare di esprimerla con calma e chiarezza. Ad esempio, invece di dire

"Mi fai arrabbiare", si può affermare "Quando succede questa cosa, mi sento ansioso". Questa piccola differenza di linguaggio aiuta a evitare conflitti inutili e permette all'altra persona di capire esattamente cosa stai provando. **La chiave è parlare in prima persona**, focalizzandosi sulle proprie sensazioni piuttosto che incolpare l'altro.

Un altro strumento fondamentale è l'ascolto attivo. **Ascoltare senza interrompere e con attenzione** dà spazio all'altro di esprimere la propria ansia, creando un dialogo aperto e costruttivo. In questo modo, entrambi i partecipanti alla conversazione si sentiranno capiti e rispettati, riducendo le tensioni e le emozioni negative.

3. Gestione dei conflitti interpersonali che alimentano l'ansia

I conflitti interpersonali sono una delle principali fonti di ansia in molte relazioni. Tuttavia, se gestiti in modo efficace, possono trasformarsi in opportunità di crescita e rafforzamento dei legami. L'intelligenza emotiva è fondamentale in questo processo, poiché fornisce strumenti utili per

affrontare i conflitti senza alimentare ulteriore tensione.

Le tecniche di risoluzione dei conflitti basate sull'intelligenza emotiva richiedono la capacità di riconoscere le proprie emozioni e quelle dell'altro, mantenendo al tempo stesso una comunicazione rispettosa. Un approccio utile è **praticare l'empatia cognitiva ed emotiva**: sforzarsi di comprendere non solo il punto di vista dell'altro, ma anche i suoi sentimenti. Spesso, la semplice comprensione emotiva può disinnescare una situazione conflittuale.

Un'altra tecnica è **imparare a fare pause consapevoli** durante le discussioni accese. Quando l'ansia inizia a crescere durante un conflitto, è facile perdere il controllo e reagire in modo impulsivo. Fermarsi un attimo per respirare, riflettere e regolare le proprie emozioni può evitare che la situazione degeneri. Inoltre, è utile cercare soluzioni collaborative, chiedendo all'altra persona: "Come possiamo risolvere questo insieme?". Questo approccio non solo riduce l'ansia, ma rafforza la connessione emotiva, creando un ambiente di cooperazione anziché di scontro.

4. Riconoscere e rispettare le emozioni altrui per ridurre la tensione

L'intelligenza emotiva non si limita alla gestione delle proprie emozioni; implica anche la capacità di riconoscere e rispettare quelle degli altri. In molte situazioni interpersonali, la tensione e l'ansia possono nascere dal non sentirsi capiti o dal percepire che le proprie emozioni vengono ignorate o minimizzate. Per ridurre questa tensione, è fondamentale sviluppare la sensibilità necessaria per accogliere e rispettare i sentimenti altrui, anche quando non li comprendiamo completamente.

Riconoscere le emozioni altrui significa prestare attenzione non solo alle parole, ma anche ai segnali non verbali, come il tono di voce, le espressioni facciali e il linguaggio del corpo. Quando qualcuno ci comunica la sua ansia, è importante validare le sue emozioni senza sminuirle. Frasi come "Capisco che questa situazione possa farti sentire in ansia” o “Sembra che tu stia attraversando un momento difficile” possono fare una grande differenza nel far sentire l’altro accolto e compreso.

Rispettare le emozioni altrui significa anche **non cercare di risolvere subito il problema o dare consigli non richiesti,** ma piuttosto permettere all’altro di esprimere ciò che prova. A volte, le persone ansiose non cercano soluzioni immediate, ma solo un ascolto attento e la conferma che le loro emozioni sono valide e comprensibili. Questo approccio riduce la tensione e favorisce una comunicazione più serena e produttiva.

In conclusione, l’intelligenza emotiva è una risorsa inestimabile per gestire l'ansia e migliorare la qualità delle relazioni interpersonali. Costruire relazioni basate sulla fiducia, comunicare con consapevolezza, gestire i conflitti e rispettare le emozioni altrui sono tutti aspetti che, se sviluppati,

possono ridurre notevolmente l'ansia e favorire un
clima di rispetto reciproco e comprensione.

Capitolo 7: L'Intelligenza Emotiva nel Luogo di Lavoro

1. Il ruolo dell'intelligenza emotiva nella leadership per gestire lo stress

Nel contesto lavorativo, la leadership non si misura solo in termini di competenza tecnica o autorità, ma anche nella capacità di gestire le proprie emozioni e quelle del team. L'intelligenza emotiva, infatti, gioca un ruolo cruciale nel ridurre lo stress sul lavoro, sia per il leader che per i collaboratori. Un leader emotivamente intelligente è in grado di mantenere la calma sotto pressione, **riconoscendo e gestendo le proprie emozioni** senza lasciarsi sopraffare. **Ridurre l'ansia sul lavoro** richiede una leadership che sappia creare un ambiente di supporto e fiducia, dove i dipendenti si sentano sicuri nell'esprimere le loro preoccupazioni senza paura di ripercussioni. Questo tipo di leadership promuove una comunicazione aperta e incoraggia la condivisione delle sfide e delle difficoltà, riducendo il carico di stress individuale. Un leader che pratica l'empatia e

l'ascolto attivo è capace di cogliere i segnali di ansia tra i membri del team, offrendo supporto proattivo per prevenire situazioni di stress cronico.
La gestione delle emozioni da parte dei leader ha un impatto diretto sull'atmosfera di lavoro. Se un leader riesce a gestire lo stress con serenità e stabilità emotiva, ciò crea un effetto a cascata su tutto il team, riducendo il livello generale di ansia e migliorando la produttività.

2. Collaborazione e lavoro di squadra

Il lavoro di squadra può essere una delle principali fonti di ansia in ambiente lavorativo, poiché implica interazioni costanti, condivisione di responsabilità e, talvolta, conflitti. Tuttavia, l'uso dell'intelligenza emotiva all'interno del team può trasformare l'ansia legata alla collaborazione in opportunità di crescita e sviluppo professionale.

Per gestire l'ansia nel lavoro di gruppo, è essenziale che i membri del team sviluppino una sensibilità emotiva verso gli altri. Questo significa prestare attenzione non solo agli obiettivi del progetto, ma anche ai sentimenti e alle dinamiche interpersonali. L'intelligenza emotiva consente di

riconoscere quando qualcuno nel team è sotto pressione o ha bisogno di supporto, e di intervenire in modo costruttivo.

Uno degli strumenti più efficaci per ridurre l'ansia nei gruppi di lavoro è **la comunicazione aperta e assertiva**, che permette a ciascun membro di esprimere le proprie preoccupazioni o difficoltà senza timore di giudizio. Creare spazi sicuri per il dialogo, come riunioni periodiche in cui discutere sia dei progressi lavorativi che delle sfide emotive, contribuisce a diminuire lo stress legato al lavoro di gruppo. Inoltre, praticare l'ascolto attivo tra i membri del team rafforza la coesione, rendendo più semplice affrontare insieme le difficoltà e distribuire equamente il carico di lavoro, evitando che singole persone si sentano sopraffatte.

3. Gestire lo stress e il burnout attraverso l'autoregolazione emotiva

La pressione costante e le scadenze serrate possono facilmente portare a situazioni di stress cronico o addirittura burnout. Per prevenire questi fenomeni, è fondamentale che ogni individuo sviluppi la capacità di **autoregolazione emotiva**, ovvero la

capacità di riconoscere e gestire le proprie emozioni in modo sano e produttivo.

L'autoregolazione emotiva inizia con il riconoscimento dei segnali fisici e mentali dello stress. Quando ci si accorge che lo stress sta crescendo, **è utile praticare esercizi di respirazione profonda o tecniche di mindfulness**, che aiutano a riportare l'attenzione al momento presente e a calmare la mente. Questi esercizi sono particolarmente utili per prevenire attacchi di panico in ufficio, in quanto permettono di ridurre l'ansia prima che diventi travolgente. Un esercizio semplice **consiste nel fermarsi per cinque minuti e concentrarsi solo sulla respirazione, inspirando lentamente per quattro secondi, trattenendo il respiro per quattro secondi, ed espirando per quattro secondi.** Questo processo aiuta a regolare la risposta fisiologica allo stress e a ristabilire il controllo emotivo.

Un'altra tecnica per affrontare lo stress quotidiano è il cosiddetto **"time-blocking", ovvero la suddivisione della giornata lavorativa in blocchi di tempo dedicati a compiti specifici, intervallati da brevi pause.** Questa pianificazione aiuta a prevenire il sovraccarico mentale e fisico, riducendo il rischio di burnout. Durante le pause, è consigliabile fare qualche minuto di stretching o una passeggiata, attività che stimolano il rilascio di endorfine, migliorando così l'umore e riducendo lo stress.

4. Coltivare un ambiente di lavoro positivo per ridurre l'ansia collettiva

Un ambiente di lavoro positivo non solo aumenta la produttività e la soddisfazione dei dipendenti, ma ha anche un impatto significativo sulla riduzione dell'ansia collettiva. L'intelligenza emotiva gioca un ruolo centrale nella creazione di un contesto lavorativo che favorisca il benessere di tutti i membri del team.

Per coltivare un ambiente di lavoro positivo, è importante che i leader e i dipendenti siano consapevoli delle emozioni che circolano nell'ufficio e si impegnino a mantenere un atteggiamento di supporto e collaborazione. Creare uno spazio in cui le persone si sentano valorizzate e rispettate non solo come lavoratori, ma anche come individui, riduce significativamente il livello di stress collettivo. Un modo per farlo è **promuovere la gratitudine e il riconoscimento reciproco**: riconoscere i

successi dei colleghi, esprimere apprezzamento per il lavoro svolto e incoraggiare una cultura della collaborazione piuttosto che della competizione. Inoltre, è essenziale che le aziende favoriscano **un equilibrio sano tra vita lavorativa e personale**. Offrire la possibilità di **flessibilità oraria, lavorare da remoto quando possibile, o organizzare attività di team-building in un contesto rilassato** sono strategie che aiutano a ridurre l'ansia legata al lavoro. Un ambiente di lavoro positivo è quello in cui le persone si sentono parte di una comunità, e non solo ingranaggi di una macchina produttiva. Questo senso di appartenenza è un potente antidoto contro l'ansia e il burnout.

In sintesi, l'intelligenza emotiva nel luogo di lavoro è uno strumento potente per gestire lo stress individuale e collettivo, favorire la collaborazione e prevenire situazioni di burnout. Lavorando insieme per creare un ambiente in cui le emozioni vengano riconosciute e rispettate, è possibile non solo migliorare il benessere dei dipendenti, ma anche incrementare l'efficienza e la qualità del lavoro.

Capitolo 8: L'Intelligenza Emotiva e il Successo Personale

1. Intelligenza emotiva e autorealizzazione

L'autorealizzazione, intesa come la piena espressione del proprio potenziale, richiede una profonda consapevolezza delle emozioni e della loro gestione. L'intelligenza emotiva è lo strumento che permette di bilanciare l'ansia, trasformandola da ostacolo a catalizzatore per il successo. **Raggiungere il successo nonostante l'ansia** implica accettare la propria vulnerabilità e riconoscere che emozioni come la paura e l'insicurezza fanno parte del percorso. Questo approccio permette di vivere l'ansia non come un nemico, ma come un segnale che ci invita a comprendere meglio le nostre paure e desideri.

Un aspetto fondamentale dell'intelligenza emotiva è la capacità di riconoscere i propri sentimenti e comprenderne l'origine. Questo consente di gestire l'ansia in modo più efficace, evitando che diventi paralizzante. I momenti di ansia possono essere trasformati in opportunità di riflessione e crescita personale. Ad esempio, imparare a dialogare con sé stessi in modo positivo e costruttivo, piuttosto che critico, è un modo per ridurre la pressione emotiva e aprirsi alla possibilità del successo.

2. Stabilire obiettivi emotivamente intelligenti per affrontare l'ansia

Stabilire obiettivi è una parte essenziale del successo personale, ma quando si soffre di ansia, la visione di grandi obiettivi può sembrare schiacciante. **L'intelligenza emotiva aiuta a suddividere gli obiettivi in passi gestibili**, riducendo lo stress legato all'idea di dover raggiungere risultati troppo ambiziosi in breve tempo.

Un modo efficace per ridurre l'ansia legata al raggiungimento degli obiettivi è applicare la strategia del "chunking," ovvero suddividere un grande obiettivo in sotto-obiettivi più piccoli e facilmente

realizzabili. Questa tecnica non solo riduce la percezione di stress, ma rende anche più tangibile il progresso, creando un senso di soddisfazione che alimenta la motivazione. Ogni volta che si completa un piccolo passo, l'ansia diminuisce e aumenta la fiducia nelle proprie capacità.

Alcune strategie pratiche includono:

- Creare una lista di obiettivi settimanali o giornalieri, puntando a traguardi raggiungibili.
- Festeggiare ogni piccolo progresso come un successo, poiché ogni passo avanti contribuisce all'obiettivo finale.
- Essere flessibili: gli obiettivi possono cambiare strada facendo, e accettare che un percorso possa richiedere più tempo del previsto aiuta a ridurre la pressione.

Questo approccio emotivamente intelligente consente di mantenere il focus sul progresso anziché sul perfezionismo, riducendo la sensazione di sopraffazione.

3.

Supcrare le paure e le insicurezze che alimentano l'ansia

L'ansia spesso trae forza dalle nostre paure e insicurezze, soprattutto la paura del fallimento. Tuttavia, è possibile superare questi ostacoli utilizzando **esercizi di visualizzazione** che aiutano a ridurre l'ansia legata all'insuccesso. La visualizzazione è una tecnica potente che permette di immaginare sé stessi nel futuro, non solo nei momenti di successo, ma anche nei momenti di difficoltà, e di visualizzare il modo in cui si affrontano le sfide.

Gli esercizi di visualizzazione possono includere:

Immaginare il successo: Prendersi un momento ogni giorno per chiudere gli occhi e immaginarsi mentre si raggiungono i propri obiettivi con successo. Visualizzare i dettagli di ciò che si vuole ottenere, come ci si sente in quel momento e come si celebrano i risultati, aiuta a ridurre la paura del fallimento e a coltivare la fiducia nelle proprie capacità.

Immaginare le difficoltà e la loro risoluzione: Oltre a immaginare il successo, è utile visualizzare anche i possibili ostacoli che si potrebbero incontrare e immaginare come affrontarli con calma ed efficacia. Questo processo riduce l'ansia legata all'ignoto e prepara mentalmente a gestire le sfide, aumentando la resilienza emotiva.

Esplorare il peggiore scenario possibile: Un altro esercizio utile è quello di visualizzare il fallimento nel peggiore dei casi e chiedersi: "Cosa succederebbe realmente se fallissi?" Spesso, esplorare razionalmente la paura del fallimento porta alla consapevolezza che le conseguenze non sono così devastanti come la mente ansiosa le dipinge. Questa presa di coscienza aiuta a ridurre l'intensità della paura e a prendere decisioni con più serenità.

La visualizzazione, insieme a un atteggiamento positivo, diventa una risorsa importante per affrontare paure e insicurezze che altrimenti alimenterebbero l'ansia.

4. Crescita personale continua nonostante l'ansia

L'ansia non deve essere vista come un blocco permanente, ma come un ostacolo che può essere superato attraverso una crescita personale continua.

Anche nei momenti di difficoltà, l'intelligenza emotiva ci insegna che ogni esperienza – positiva o negativa – può contribuire alla nostra evoluzione interiore.

Per continuare a crescere nonostante l'ansia, è utile adottare una mentalità di **apprendimento continuo**. Questo significa accettare che il fallimento e l'errore sono parte integrante del successo e dello sviluppo personale. Imparare a vedere le sfide non come ostacoli insormontabili, ma come opportunità per migliorare, è un elemento chiave per crescere personalmente e professionalmente.

Uno degli strumenti più utili in questo percorso è il diario emotivo: prendersi del tempo per riflettere su come ci si sente, cosa si è imparato da una situazione difficile e come si potrebbe affrontare diversamente una sfida futura aiuta a mantenere la crescita personale costante. Scrivere i propri pensieri permette di monitorare i progressi e di vedere l'ansia come qualcosa che si può gestire, piuttosto che come un nemico invincibile.

Inoltre, praticare **l'autocompassione** è essenziale per la crescita personale. L'ansia spesso ci spinge a essere eccessivamente critici con noi stessi, ma imparare a trattarsi con gentilezza e comprensione –

soprattutto nei momenti di difficoltà – favorisce un ambiente mentale più positivo e resiliente, che supporta il continuo miglioramento.

In conclusione, **l'intelligenza emotiva è il ponte verso il successo personale**, poiché aiuta a gestire l'ansia, a stabilire obiettivi realistici e a superare paure e insicurezze. Con una pratica costante di consapevolezza emotiva e tecniche pratiche, è possibile crescere continuamente, nonostante le sfide che l'ansia può presentare lungo il cam

Capitolo 9: Come Sviluppare l'Intelligenza Emotiva per Gestire l'Ansia e gli Attacchi di Panico

1. Pratiche quotidiane per allenare l'intelligenza emotiva e ridurre l'ansia

Allenare l'intelligenza emotiva richiede costanza e attenzione verso le proprie emozioni. Una delle chiavi per gestire l'ansia quotidiana è **sviluppare una routine di consapevolezza emotiva** che consenta di riconoscere e affrontare i sentimenti prima che si intensifichino. L'auto-consapevolezza, ovvero la capacità di identificare ciò che si sta provando in un dato momento, è il primo passo per prendere il controllo dell'ansia e ridurre lo stress.

Una pratica quotidiana che può aiutare è quella di dedicare qualche minuto al mattino o alla sera per riflettere su come ci si è sentiti durante la giornata. Annotare le emozioni principali in un diario emotivo può essere un utile strumento per riconoscere i pattern di ansia ricorrenti e capire quali situazioni li scatenano. Ad esempio, se ci si accorge di provare ansia ogni volta che si è sotto pressione al lavoro, si può sviluppare una strategia per affrontare quelle specifiche situazioni.

Inoltre, **tecniche di gestione dello stress come la respirazione profonda o il rilassamento muscolare progressivo** possono essere integrate nella propria routine giornaliera. Questi semplici esercizi permettono di ridurre il livello di tensione e di regolare l'attivazione fisiologica associata all'ansia, rendendola più gestibile nel tempo.

2. Mindfulness e meditazione come strumenti contro l'ansia e il panico

La mindfulness e la meditazione sono strumenti potenti nella gestione dell'ansia e degli attacchi di panico, poiché aiutano a riportare l'attenzione al momento presente, distogliendo la mente dai pensieri catastrofici o eccessivamente preoccupanti. La mindfulness, in particolare, consiste nel praticare

una consapevolezza non giudicante di ciò che accade dentro e fuori di noi. Questo approccio aiuta a ridurre il rimuginare su eventi passati o futuri, che spesso alimenta l'ansia.

Esercizi pratici di mindfulness possono essere integrati nella quotidianità con pochi minuti di pratica ogni giorno. **Un esempio semplice è la "meditazione del respiro":**

seduti in un luogo tranquillo, si chiudono gli occhi e si porta l'attenzione al respiro, sentendo l'aria che entra ed esce dai polmoni. Ogni volta che la mente vaga — e accadrà inevitabilmente — si riporta gentilmente l'attenzione al respiro, senza giudicarsi.

Questo allenamento mentale aiuta a sviluppare una maggiore calma e lucidità, riducendo l'impatto dell'ansia nella vita quotidiana.

Un altro esercizio utile è la "scansione corporea": *in cui si concentra l'attenzione su ogni parte del corpo, partendo dai piedi e salendo lentamente fino alla testa.*

Questo tipo di pratica aiuta a diventare più consapevoli delle tensioni fisiche associate all'ansia e permette di rilasciarle con il respiro.

3. L'importanza della riflessione e dell'autovalutazione nella gestione dell'ansia

Per gestire l'ansia in modo efficace, è fondamentale sviluppare una capacità di riflessione e autovalutazione continua. **Monitorare i progressi emotivi** permette di capire come l'ansia cambia nel tempo, quali tecniche funzionano meglio e dove è necessario apportare modifiche nel proprio approccio.

Un metodo utile per questa autovalutazione è **tenere traccia delle proprie emozioni e delle situazioni stressanti** attraverso un diario giornaliero. Annotare quali eventi hanno scatenato l'ansia, quali reazioni si sono manifestate e come si è gestita la situazione aiuta a sviluppare una maggiore consapevolezza di sé. Questa riflessione consente di comprendere meglio i propri progressi, individuando pattern ripetitivi di pensieri o comportamenti che alimentano l'ansia e sviluppando strategie per correggerli.

Oltre al diario emotivo, è utile prendere momenti regolari per fare il punto della situazione. Ad esempio, ogni settimana si può riflettere su domande come: "Quali emozioni ho provato più frequentemente?", "Come ho reagito di fronte alle situazioni che mi creano ansia?", e "Quali strategie hanno funzionato meglio per calmarmi?". **L'autovalutazione regolare aiuta a mantenere il**

controllo sulle proprie emozioni, prevenendo che l'ansia si accumuli nel tempo.

4. Esercizi pratici per gestire gli attacchi di panico

Gli attacchi di panico possono essere particolarmente spaventosi e debilitanti, ma con l'intelligenza emotiva è possibile imparare a gestirli e persino a prevenirli. **Tecniche di grounding e visualizzazione positiva** sono strumenti efficaci per **interrompere un attacco di panico** sul nascere e riportare la calma.

Una delle tecniche più efficaci è il grounding, che *consiste nel riportare la mente al presente attraverso l'ancoraggio a sensazioni fisiche concrete*. Un esercizio di grou[3]nding classico è la "regola del 5-4-3-2-1", che invita la persona in preda a un attacco di panico a identificare:

---

[3] **Grounding**: "Radicamento" Una tecnica utilizzata per riportare una persona al momento presente durante episodi di ansia o panico. Gli esercizi di radicamento si concentrano sulle sensazioni fisiche, come il sentire il terreno sotto i piedi, per interrompere i pensieri angoscianti.

5 cose che può vedere,
4 cose che può toccare,
3 cose che può sentire,
2 cose che può annusare,
1 cosa che può assaporare.

Questo processo aiuta a distogliere l'attenzione dai pensieri che scatenano il panico e a concentrarsi sul qui e ora, riducendo l'intensità della crisi.

Un'altra tecnica utile è la **visualizzazione positiva**. Durante un attacco di panico, la mente tende a concentrarsi su pensieri catastrofici. *Visualizzare invece un luogo sicuro e rilassante* – come una spiaggia, un bosco o una stanza confortevole – può aiutare a calmare il sistema nervoso. In questo esercizio, si immagina di trovarsi in quel luogo, visualizzando ogni dettaglio (il colore del cielo, il suono delle onde, la sensazione del vento) per trasportare la mente fuori dall'ansia e dentro uno stato di serenità.

Inoltre, **la respirazione profonda e lenta** è **fondamentale** per calmare il corpo durante un attacco di panico. *Concentrarsi su inspirazioni lente attraverso il naso per 4 secondi, trattenere il respiro per 4 secondi e poi espirare attraverso la bocca per altri 4 secondi*

In conclusione, sviluppare l'intelligenza emotiva è un processo continuo che richiede pratica e

dedizione, ma con il tempo può trasformarsi in un potente alleato per gestire l'ansia e gli attacchi di panico. Con l'integrazione di pratiche quotidiane di consapevolezza, mindfulness, riflessione e tecniche pratiche, è possibile ridurre l'impatto dell'ansia e migliorare significativamente il proprio benessere emotivo e mentale.

Capitolo 10: L'Intelligenza Emotiva nelle Diverse Fasi della Vita

1. Infanzia e adolescenza: Come promuovere l'intelligenza emotiva per prevenire l'ansia giovanile

L'infanzia e l'adolescenza sono periodi di grande trasformazione emotiva, dove la scoperta di sé e del mondo esterno può generare ansia e insicurezza. In

queste fasi, **promuovere l'intelligenza emotiva** è cruciale per aiutare i giovani a gestire l'ansia e sviluppare una solida base emotiva per il futuro. I bambini devono essere incoraggiati a riconoscere, esprimere e gestire le loro emozioni in modo sano. Gli adulti, soprattutto genitori e insegnanti, hanno il compito di fornire strumenti pratici come il dialogo aperto, il gioco educativo e l'esempio personale.

Per prevenire l'ansia giovanile, è importante insegnare ai bambini la capacità di **nominare e identificare le emozioni**. Le emozioni, quando non comprese o ignorate, possono causare una crescita di sentimenti ansiosi. Ecco perché è essenziale incoraggiare i giovani a parlare dei loro sentimenti senza timore di giudizio. Un'altra strategia è insegnare tecniche di **autoregolazione emotiva**, come la respirazione profonda o il rilassamento muscolare, che possono essere applicate in situazioni stressanti.

Gli adolescenti, in particolare, affrontano sfide come il confronto sociale, le aspettative accademiche e la pressione dei coetanei. La capacità di sviluppare **empatia e consapevolezza sociale** è fondamentale per gestire i conflitti e ridurre l'ansia da prestazione. Creare un ambiente di supporto che favorisca la comunicazione aperta e la risoluzione dei problemi, piuttosto che la repressione dei sentimenti, può aiutare i giovani a sentirsi più sicuri di sé e meno inclini a sviluppare ansia cronica.

2. Età adulta e carriera: L'intelligenza emotiva come strumento per gestire ansia e panico nel lavoro e nella vita familiare

Nell'età adulta, le responsabilità lavorative, familiari e sociali si moltiplicano, creando spesso situazioni di stress e ansia. Qui, l'intelligenza emotiva diventa uno strumento essenziale per mantenere l'equilibrio. **Gestire le proprie emozioni sul posto di lavoro** è fondamentale per evitare che lo stress si trasformi in panico o burnout. Questo richiede un alto livello di autoconsapevolezza, che permette di riconoscere i segnali dell'ansia prima che diventino travolgenti.

Uno dei pilastri dell'intelligenza emotiva è **l'autogestione**: riuscire a regolare le proprie emozioni, mantenere la calma nelle situazioni difficili e adottare strategie di coping come il problem-solving o la meditazione. Sul lavoro, affrontare i conflitti interpersonali in modo emotivamente intelligente, ad esempio tramite una

comunicazione assertiva e rispettosa, può ridurre notevolmente i livelli di ansia.

Anche nella vita familiare, l'intelligenza emotiva è uno strumento potente per affrontare i momenti di crisi e panico. **Mantenere relazioni sane** richiede la capacità di empatizzare con i bisogni degli altri e, al contempo, di gestire i propri stati emotivi. L'ansia legata alla gestione della famiglia può essere mitigata sviluppando una comunicazione chiara e una gestione condivisa delle responsabilità, basata su comprensione e rispetto reciproci.

3. Maturità e vecchiaia: Strategie emotive per affrontare l'ansia che può derivare dai cambiamenti e dalle perdite

Con l'avanzare dell'età, la vita porta con sé una serie di cambiamenti: pensionamento, cambiamenti di salute, e in alcuni casi, la perdita di persone care. Questi cambiamenti possono scatenare sentimenti di ansia, ma l'intelligenza emotiva offre strumenti efficaci per gestirli. **Accettare le emozioni** è un primo passo importante: piuttosto che resistere ai sentimenti di tristezza o paura, è necessario riconoscerli e permettere loro di esprimersi.

La **resilienza emotiva** è fondamentale durante la maturità. Si tratta della capacità di adattarsi positivamente ai cambiamenti, accettando che alcune situazioni non possano essere controllate. Coltivare relazioni sociali significative, cercare il supporto della comunità e sviluppare una mentalità flessibile possono essere tutte strategie utili per affrontare l'ansia derivante dai cambiamenti inevitabili della vita.

In questa fase, la riflessione sui propri successi e il riconoscimento del proprio valore possono aiutare a contrastare l'ansia esistenziale che a volte si manifesta. **Pratiche di gratitudine e consapevolezza** possono aiutare le persone anziane a focalizzarsi sui momenti positivi e sui legami affettivi, piuttosto che sui sentimenti di perdita o incertezza.

4. Differenze di genere nell'intelligenza emotiva e nella gestione dell'ansia

Le differenze di genere possono influenzare il modo in cui uomini e donne sperimentano e gestiscono l'ansia. Tradizionalmente, alle donne è stato insegnato a essere più aperte nell'espressione delle emozioni, il che può facilitare una maggiore consapevolezza emotiva e un uso più spontaneo dell'empatia. Gli uomini, al contrario, potrebbero avere difficoltà a esprimere le emozioni a causa di aspettative sociali che incoraggiano la stoicità e la repressione emotiva.

Per gli uomini, sviluppare un'intelligenza emotiva più profonda potrebbe significare imparare a **superare il condizionamento sociale** che li spinge a evitare di mostrare vulnerabilità, mentre per le donne potrebbe essere necessario bilanciare una tendenza all'eccessiva auto-critica o alla ruminazione emotiva. In ogni caso, entrambi i generi possono beneficiare di una gestione emotiva consapevole, che mira a ridurre l'ansia attraverso pratiche di autoregolazione, empatia e dialogo aperto.

5. Trasmettere l'intelligenza emotiva alle nuove generazioni per affrontare l'ansia e il panico

Una delle sfide più grandi della società moderna è trasmettere alle nuove generazioni gli strumenti necessari per affrontare l'ansia e il panico in un mondo sempre più complesso. **Insegnare l'intelligenza emotiva ai giovani** può aiutarli a sviluppare la resilienza emotiva necessaria per navigare nelle difficoltà della vita. La capacità di comprendere e gestire le proprie emozioni fin dalla giovane età può prevenire l'insorgenza di ansia cronica e attacchi di panico in età adulta.

Gli adulti hanno la responsabilità di fungere da modelli di comportamento emotivo, dimostrando come affrontare le emozioni in modo sano. Inoltre, **integrare l'educazione emotiva nei programmi scolastici** può essere una strategia efficace per promuovere una maggiore consapevolezza emotiva tra i giovani. Insegnare loro tecniche di rilassamento, come la respirazione consapevole o il mindfulness, insieme a metodi per migliorare la comunicazione emotiva, può ridurre l'ansia e prepararli meglio per le sfide future.

Infine, è essenziale che i genitori e gli educatori incoraggino un dialogo aperto e continuo con le nuove generazioni, offrendo supporto emotivo e creando uno spazio sicuro dove i giovani possano esprimere le loro ansie senza timore di giudizio. Questo approccio non solo migliorerà la salute emotiva individuale, ma contribuirà anche a una società più empatica e resiliente.

Capitolo 11: L'Intelligenza Emotiva e la Società

1. Il ruolo dell'intelligenza emotiva nella costruzione di comunità forti per ridurre l'ansia collettiva

In una società sempre più connessa ma al contempo frammentata, l'intelligenza emotiva gioca un ruolo cruciale nella costruzione di comunità resilienti, capaci di affrontare collettivamente le sfide e ridurre l'ansia diffusa. **L'intelligenza emotiva collettiva** si manifesta attraverso la creazione di legami basati su fiducia, empatia e ascolto reciproco. In una comunità emotivamente intelligente, le persone sono più capaci di comprendere i bisogni degli altri e di supportarsi a vicenda durante momenti di stress o ansia.

Le comunità forti sono quelle in cui i membri si sentono sicuri di esprimere le loro emozioni, e dove esiste un supporto reciproco in momenti di difficoltà. In questo contesto, l'ansia collettiva, spesso alimentata da incertezze economiche, sociali o ambientali, può essere mitigata tramite **pratiche**

di dialogo comunitario, in cui le persone condividono le loro esperienze e cercano soluzioni comuni. **Promuovere una cultura di apertura e condivisione emotiva** aiuta a rafforzare i legami sociali e a ridurre il senso di isolamento che può alimentare l'ansia.

Per esempio, durante momenti di crisi come disastri naturali o emergenze sanitarie, comunità con un alto grado di intelligenza emotiva sono più inclini a collaborare, a mantenere la calma e a trovare soluzioni pratiche, anziché cedere al panico. **L'empatia e la capacità di regolare le proprie emozioni** permettono di rispondere a situazioni di crisi con una maggiore lucidità, riducendo l'ansia sia individuale che collettiva.

2. L'intelligenza emotiva nell'educazione per prevenire l'ansia tra i giovani

L'ambiente scolastico è spesso una fonte di stress per i giovani, che devono affrontare aspettative accademiche, pressione sociale e la complessità delle relazioni interpersonali. **Integrare l'intelligenza emotiva nell'educazione** è una delle chiavi per

prevenire l'ansia giovanile e creare un ambiente scolastico più sano e inclusivo. Questo può essere fatto sia attraverso l'insegnamento diretto di competenze emotive, sia tramite l'implementazione di pratiche educative che favoriscono l'empatia, la collaborazione e la gestione dello stress.

L'educazione emotiva mira a fornire agli studenti gli strumenti per **riconoscere, comprendere e regolare le proprie emozioni**, ma anche per sviluppare empatia verso gli altri. Questo non solo riduce l'ansia tra i giovani, ma li prepara a gestire in modo più efficace le sfide future. Ad esempio, **insegnare tecniche di mindfulness e gestione dello stress** può aiutare gli studenti a calmarsi durante periodi di esami o pressioni sociali, prevenendo l'insorgenza di ansia debilitante.

Oltre a ciò, un'educazione emotiva basata sulla comunicazione aperta e sulla risoluzione dei conflitti contribuisce a ridurre il bullismo e le dinamiche di esclusione, che sono tra le principali cause di ansia nelle scuole. Creare un ambiente scolastico in cui i sentimenti degli studenti sono rispettati e valorizzati favorisce un senso di sicurezza emotiva, riducendo l'ansia e promuovendo lo sviluppo di una **resilienza emotiva duratura**.

3. L'intelligenza emotiva nella risoluzione dei conflitti sociali e politici: Come evitare che ansia e stress alimentino divisioni

Nei contesti di conflitto sociale e politico, l'ansia e lo stress collettivi possono facilmente sfociare in divisioni profonde, polarizzazione e atteggiamenti aggressivi. L'intelligenza emotiva, tuttavia, può giocare un ruolo decisivo nella risoluzione dei conflitti, offrendo strumenti per gestire le emozioni e promuovere un dialogo costruttivo. **Essere emotivamente intelligenti in un conflitto** significa riuscire a mantenere la calma, riconoscere le emozioni di tutte le parti coinvolte e cercare soluzioni che tengano conto dei bisogni emotivi delle persone.

Nella politica, dove le emozioni come la paura, la rabbia e l'ansia spesso dominano il discorso, **la capacità di ascoltare attivamente** e di rispondere in modo empatico può prevenire l'escalation delle tensioni. Quando i leader politici e sociali utilizzano l'intelligenza emotiva, è più probabile che riescano a costruire un consenso e a evitare che lo stress e l'ansia collettivi alimentino ulteriori divisioni.

Un approccio emotivamente intelligente alla risoluzione dei conflitti sociali prevede la capacità di comprendere le radici emotive di tali conflitti, piuttosto che limitarsi a risolverne gli aspetti pratici o superficiali. **Riconoscere la validità delle emozioni** di entrambe le parti in un conflitto può aiutare a "de-escalare" la tensione e a facilitare un dialogo più costruttivo. Per esempio, durante proteste sociali o dibattiti politici, i leader che adottano un approccio emotivamente consapevole sono in grado di parlare non solo ai fatti, ma anche alle emozioni, costruendo così un ponte tra le parti opposte.

4. Promuovere una cultura dell'intelligenza emotiva per affrontare ansia e panico a livello globale

In un mondo globalizzato, dove le sfide sono sempre più complesse e interconnesse, la promozione di una **cultura dell'intelligenza emotiva** a livello globale può essere una risposta efficace alla crescente ansia collettiva. Crisi globali come i cambiamenti climatici, le pandemie e le instabilità economiche creano un terreno fertile per ansia e panico. In questi casi, **promuovere una consapevolezza emotiva globale** può favorire una risposta più coordinata e meno reattiva.

Le organizzazioni internazionali, i governi e le comunità locali possono collaborare per promuovere l'intelligenza emotiva come strumento per gestire l'ansia globale. Questo include la promozione di pratiche come la **risoluzione dei conflitti attraverso il dialogo**, il sostegno alla salute mentale e l'educazione emotiva, a livello sia nazionale che internazionale. Ad esempio, in risposta a crisi globali come il cambiamento climatico, la promozione di una comunicazione emotivamente intelligente, che riconosca i timori delle persone ma che offra anche speranza e soluzioni, può prevenire l'insorgenza di panico collettivo.

La **cooperazione internazionale basata sull'intelligenza emotiva** può anche migliorare la capacità di rispondere alle crisi globali. Quando i leader globali sono in grado di empatizzare con le preoccupazioni delle persone e di collaborare per soluzioni che tengano conto non solo delle necessità materiali ma anche delle preoccupazioni emotive, l'ansia globale può essere ridotta. **Sviluppare un approccio di leadership emotivamente**

intelligente, capace di guidare la popolazione verso un futuro più stabile e resiliente, diventa così fondamentale per affrontare le sfide globali e promuovere una cultura basata sulla solidarietà e la comprensione reciproca.

In definitiva, la promozione di una *cultura* dell'intelligenza emotiva è un percorso chiave per trasformare l'ansia e il panico collettivi in opportunità di crescita e resilienza, creando una società più empatica e preparata ad affrontare le sfide del futuro.

Conclusione

Riflessioni finali sull'importanza dell'intelligenza emotiva nella gestione dell'ansia e degli attacchi di panico

L'intelligenza emotiva rappresenta uno strumento potente e trasformativo nella gestione dell'ansia e degli attacchi di panico. Durante il nostro percorso attraverso le diverse fasi della vita e i contesti sociali e personali, abbiamo esplorato come la capacità di riconoscere, comprendere e regolare le nostre emozioni può migliorare profondamente la qualità della nostra esistenza. La gestione dell'ansia non riguarda solo l'eliminazione del disagio, ma l'acquisizione di una consapevolezza che ci consente di affrontare le difficoltà con maggiore resilienza e fiducia.

L'intelligenza emotiva ci insegna a **creare uno spazio tra le nostre emozioni e le nostre reazioni**, permettendoci di evitare di essere sopraffatti da sentimenti come ansia, paura o panico. Grazie a questa abilità, possiamo affrontare le situazioni stressanti con maggiore equilibrio, evitando che l'ansia diventi cronica o invalidante. Inoltre, ci permette di sviluppare relazioni più sane e di risolvere i conflitti con maggiore empatia, riducendo così le fonti esterne di stress che spesso amplificano l'ansia.

In questo viaggio, abbiamo esplorato come l'intelligenza emotiva si applica in ogni fase della vita e in diversi ambiti, dalla gestione personale delle emozioni alla risoluzione dei conflitti sociali e politici. **Affrontare l'ansia con intelligenza emotiva** significa sviluppare una padronanza delle proprie emozioni che ci rende non solo più consapevoli di ciò che accade dentro di noi, ma anche più pronti ad affrontare con successo il mondo esterno.

Invito all'azione: Mettere in pratica le tecniche apprese

Raggiungere un alto livello di intelligenza emotiva non è un traguardo che si ottiene in un singolo giorno, ma un processo continuo che richiede impegno e pratica costante. Il passo successivo è mettere in pratica le tecniche apprese in questo libro e fare dell'intelligenza emotiva una parte integrale della tua vita quotidiana. **Ogni giorno offre opportunità per migliorare la tua capacità di riconoscere le emozioni, regolarle e usarle come forza motrice per prendere decisioni più consapevoli.**

Un ottimo punto di partenza è dedicare tempo alla **riflessione giornaliera**: fermati e chiediti come ti senti, cosa sta scatenando quelle emozioni e come puoi rispondere in modo costruttivo. Prova a usare le tecniche di autoregolazione apprese, come la respirazione profonda, la mindfulness o l'autocompassione, nei momenti di stress. Con il tempo, noterai come diventi sempre più abile nel gestire l'ansia prima che si trasformi in panico, sia nelle situazioni personali che professionali.

Un altro suggerimento è di **praticare l'empatia attiva** nelle tue relazioni, ascoltando gli altri senza giudizio e cercando di comprendere le loro emozioni. Questa abilità non solo migliorerà le tue relazioni, ma ti aiuterà anche a sviluppare una rete di supporto emotivo che può ridurre l'ansia sia per te che per le persone a cui tieni.

Infine, ricorda che l'intelligenza emotiva non si sviluppa in isolamento. Coinvolgi i tuoi amici, colleghi e familiari nel processo, discutendo apertamente delle tecniche che stai applicando e incoraggiandoli a fare lo stesso. **Un ambiente emotivamente consapevole** è uno dei modi più efficaci per ridurre l'ansia collettiva e promuovere una cultura di benessere emotivo.

Risorse aggiuntive: Libri, app e tecniche avanzate per approfondire la gestione dell'ansia e del panico

Per chi desidera approfondire ulteriormente le tecniche per la gestione dell'ansia e del panico, esistono molte risorse disponibili che possono integrare quanto appreso. Di seguito, alcuni suggerimenti:

- **Libri**:

  - *Emotional Intelligence* di Daniel Goleman: un testo fondamentale che esplora come l'intelligenza emotiva influisce sul nostro benessere e successo.
  - *The Anxiety and Phobia Workbook* di Edmund J. Bourne: un manuale pratico con esercizi utili per gestire l'ansia e gli attacchi di panico.

o *Radical Acceptance* di Tara Brach: un libro che combina la mindfulness con la psicologia per affrontare le difficoltà emotive.

- **App per la gestione dell'ansia e del panico:**

  o **Headspace**: una delle app più popolari per la meditazione e la mindfulness, con sezioni specifiche per l'ansia.
  o **Calm**: offre una serie di strumenti per migliorare la gestione dell'ansia, incluso il rilassamento guidato e la meditazione.
  o **Woebot**: un'app basata sulla terapia cognitivo-comportamentale che aiuta a gestire i pensieri ansiosi attraverso il dialogo.

- **Tecniche avanzate:**

  o **Mindfulness avanzata**: proseguire la pratica della mindfulness attraverso corsi o ritiri, per migliorare la capacità di regolare le emozioni e gestire l'ansia in modo più profondo.

- o **Terapia cognitivo-comportamentale (CBT)**: la CBT è una delle tecniche più efficaci per affrontare l'ansia e gli attacchi di panico. Può essere appresa attraverso libri di auto-aiuto o con l'assistenza di un terapeuta qualificato.
- o **Terapia dell'accettazione e dell'impegno (ACT)**: un approccio terapeutico che insegna come accettare le emozioni difficili e agire in modo coerente con i propri valori, riducendo così l'ansia.
- o

Prenditi il tempo per esplorare queste risorse e continua il tuo percorso verso una vita emotivamente più consapevole e libera dall'ansia. Con l'impegno costante e l'applicazione delle tecniche apprese, puoi affrontare le sfide emotive della vita con maggiore serenità, trasformando l'ansia e il panico in opportunità di crescita e resilienza.

Appendice

Esercizi supplementari per superare l'ansia e prevenire gli attacchi di panico usando l'intelligenza emotiva

1. Esercizio di consapevolezza emotiva: La Ruota delle Emozioni: La consapevolezza emotiva è la base dell'intelligenza emotiva e un elemento chiave per gestire l'ansia. Usa la *Ruota delle*

Emozioni[4], uno strumento che ti aiuta a identificare e distinguere le diverse emozioni.

Come farlo:

- *Prendi un momento* della giornata in cui ti senti sopraffatto o ansioso.

- *Consulta la ruota* e scegli l'emozione più vicina a quella che stai provando. Chiediti: "Che emozione specifica sto vivendo? Rabbia, paura, tristezza, o altro?"

- *Dopo aver identificato l'emozione primaria*, indaga sulle sfumature. Se, ad esempio, hai scelto la paura, chiediti: "È ansia o terrore? Preoccupazione o insicurezza?"

- *Una volta individuata l'emozione*, prendi consapevolezza di come si manifesta nel corpo. Dov'è

---

[4] La **Ruota delle Emozioni** di Robert Plutchik è uno strumento ampiamente utilizzato in psicologia e può essere trovato in diverse risorse sia online. Puoi cercare su piattaforme come **Psychology Today** o **Verywell Mind**.
Oppure se cerchi "Plutchik's Wheel of Emotions" su **Google Immagini**, troverai molte rappresentazioni grafiche della ruota.
Wikipedia: L'articolo su Robert Plutchik e la sua teoria delle emozioni su Wikipedia fornisce una spiegazione approfondita e spesso include un'immagine della ruota

localizzata la tensione? Come influisce sul tuo respiro o battito cardiaco?

- *Scrivi i tuoi pensieri e sentimenti* su un diario emotivo per monitorare la frequenza e l'intensità di certe emozioni.

2. Esercizio di autoregolazione: Respirazione 4-7-8

Quando l'ansia si fa intensa, una delle tecniche più efficaci è la **respirazione consapevole**. *Il metodo 4-7-8* è una tecnica semplice che calma il sistema nervoso e riduce la reattività emotiva.

Come farlo:

- *Siediti in un posto tranquillo* con la schiena dritta.
- *Chiudi gli occhi e inspira lentamente* dal naso per 4 secondi.
- *Trattieni il respiro* per 7 secondi.
- *Espira lentamente dalla bocca* per 8 secondi.
- *Ripeti il ciclo 3-4 volte*, concentrandoti sul ritmo del respiro e immaginando l'ansia che lascia il corpo ad ogni espirazione.

Questo esercizio aiuta a rallentare il ritmo cardiaco e riduce i livelli di cortisolo, l'ormone dello stress, riportandoti in uno stato di calma e lucidità.

3. Esercizio di empatia: Cambiare prospettiva

L'ansia può spesso derivare da **interpretazioni negative** o **distorte** di una situazione. Praticare l'empatia, cercando di vedere la situazione dal punto di vista di un'altra persona, aiuta a ridurre lo stress interpersonale.

Come farlo:

- *Pensa a una situazione recente che ti ha causato ansia,* magari un conflitto con una persona.

- *Scrivi brevemente i tuoi pensieri e sentimenti* su ciò che è successo.

- *Poi, prova a descrivere la stessa situazione dal punto di vista dell'altra persona.* Cosa potrebbe averla spinta

- a comportarsi in quel modo? Quali emozioni potrebbe aver provato?

- *Cerca di identificare eventuali preoccupazioni o ansie che l'altra persona potrebbe aver vissuto*, ponendoti domande empatiche: "Come si sarebbe sentita quella persona? Cosa la preoccupava?"

Questo esercizio ti aiuterà a **ridurre il carico emotivo** legato all'ansia interpersonale, favorendo una comunicazione e una risoluzione più pacata dei conflitti.

4. Esercizio di gratitudine: Ristrutturare i pensieri ansiosi

L'ansia spesso nasce da una tendenza a concentrarsi sugli aspetti negativi o minacciosi delle situazioni. Un esercizio utile è imparare a riconoscere i pensieri ansiogeni e ristrutturarli in una prospettiva più equilibrata e positiva.

Come farlo:

- *Quando ti accorgi di avere un pensiero ansiogeno (es. "Non riuscirò mai a finire questo progetto in tempo"), fermati un attimo.*

-

- *Scrivi il pensiero su un foglio e chiediti*: "Quali prove ho che questo pensiero è vero? Quali prove ho del contrario?"

- *Poi, riformula il pensiero in modo più realistico e proattivo*. Per esempio, "È vero che ho molto da fare, ma ho anche già fatto dei progressi e posso chiedere aiuto se necessario."

- *Alla fine della giornata, prendi nota di tre cose per cui ti senti grato*. La **gratitudine aiuta a spostare il focus dalla paura e dall'incertezza** ai successi e alle esperienze positive, contribuendo a prevenire la spirale dell'ansia.

Domande di riflessione personale per monitorare i progressi emotivi

Queste domande ti aiuteranno a riflettere sui tuoi progressi nella gestione delle emozioni e a prendere consapevolezza dei cambiamenti emotivi nel tempo.

1. Consapevolezza emotiva

- Riconosco facilmente le emozioni che provo durante la giornata? Quali emozioni sono più comuni per me?

- Riesco a identificare i trigger specifici che scatenano la mia ansia o i miei attacchi di panico?

2. Autoregolazione

- In situazioni di stress o ansia, quali tecniche di regolazione emotiva sto applicando? Sono efficaci?

- Mi sento più capace di calmarmi rispetto a qualche mese fa? Cosa ha contribuito a questo miglioramento?

3. Empatia e relazioni

- Quando sono coinvolto in conflitti o discussioni, riesco a comprendere il punto di vista dell'altra persona senza reagire in modo automatico?
- Come la pratica dell'empatia ha influenzato la qualità delle mie relazioni? Sento meno ansia in contesti sociali?

4. Gestione dell'ansia

- Quali sono i pensieri ricorrenti che mi creano ansia? Ho imparato a ristrutturarli in modo più positivo e realistico?
- Quando mi trovo in situazioni che normalmente mi provocano panico, come reagisco oggi rispetto al passato? Quali tecniche si sono rivelate più efficaci?

5. Autocompassione

- Mi critico spesso quando provo ansia? Come posso essere più gentile con me stesso in quei momenti?

- Riesco a vedere i miei momenti di ansia come opportunità di crescita emotiva, piuttosto che come fallimenti?

6. Prospettiva a lungo termine

- Guardando indietro, quali miglioramenti concreti ho osservato nella mia gestione dell'ansia? Quali nuove competenze emotive ho sviluppato?
- Quali sono i prossimi passi che voglio fare per continuare a migliorare la mia intelligenza emotiva e gestire meglio l'ansia?

Tenere traccia delle risposte a queste domande ti permetterà di monitorare i tuoi progressi emotivi e di identificare le aree che necessitano di ulteriore attenzione, contribuendo a un percorso di crescita costante nella gestione dell'ansia e nella tua vita emotiva complessiva.

_Se pensi che questo libro ti sia piaciuto e ti
abbia aiutato ti chiedo
solo di dedicare pochi secondi a lasciare una
recensione
su Amazon!
Grazie,_

Sofia Ellis